Noch kann man hoffen
Ein Konrad-Lorenz-Brevier

Herausgegeben von
Heide von Berlepsch
Vorwort von Heinz Friedrich

Deutscher
Taschenbuch
Verlag

dtv

Von Konrad Lorenz
sind im Deutschen Taschenbuch Verlag erschienen:
Er redete mit dem Vieh, den Vögeln und den Fischen (173)
So kam der Mensch auf den Hund (329)
Vom Weltbild des Verhaltensforschers (499)
Das sogenannte Böse (1000)
Die Rückseite des Spiegels (1249)
Das Jahr der Graugans (1795)
Vergleichende Verhaltensforschung (4392)

Originalausgabe
Mai 1986

Umschlaggestaltung: Celestino Piatti
Umschlagfoto: Otto Koenig, Wien
Gesamtherstellung: C. H. Beck'sche Buchdruckerei, Nördlingen
Printed in Germany · ISBN 3-423-10587-9

Inhalt

Vorwort

Am Werk von Konrad Lorenz hat sich der alte, nie beigelegte, streckenweise jedoch eingedämmte oder moderierte Streit zwischen Geisteswissenschaft und Naturwissenschaft über die »Stellung des Menschen im Kosmos« (Teilhard de Chardin) neu entzündet. Ist der Mensch seinem geistigen, seelischen und körperlichen Verhalten nach vornehmlich naturbestimmt oder ist er »das ganz andere Wesen« und dementsprechend naturwissenschaftlicher Interpretation (die medizinische ausgenommen) unzugänglich? Nimmt, wer dem Menschen »Natur« zuspricht, ihm einen wesentlichen Teil seiner Würde und degradiert ihn zu einem emanzipierten Affen? Dies sind nur einige Fragen, die an Konrad Lorenz von seinen Verächtern und Widersachern gerichtet werden. Wie so oft, liegen Fragen wie diesen Mißverständnisse und Vorurteile zugrunde, die grundsätzlicher Abneigung gegen eine biologisch orientierte Anthropologie eher entspringen als dem Bemühen um redliche Skepsis.

Das hauptsächliche Mißverständnis, das der biologischen Anthropologie entgegengebracht wird, ist dies: sie wolle den Menschen re-naturieren, indem sie menschliche Verhaltensweisen auf Instinkte oder Triebe reduziere und damit die geistige Selbstverantwortung des homo sapiens infrage stelle und Transzendenz schlechthin leugne. Kein ernstzunehmender Biologe jedoch, ob Zoologe oder Verhaltensforscher, hat je solche Tendenzen vertreten. Wofür diese Wissenschaftler vielmehr eintraten und eintreten, das ist die Erkenntnis, daß der Mensch selbstverständlich *auch* Natur sei – und zwar nicht nur im medizinischen Sinn. Die Entdekkung von Konrad Lorenz, daß alle Lebewesen mit bestimmten angeborenen Eigenschaften auf die Welt kämen, jedoch je nach Struktur und Organisation ihrer Lebenssysteme »lernfähig« (und damit auch »freiheitsfähig«) seien, gilt auch für den Menschen. Er kann sich seiner angeborenen Eigenschaften nicht entledigen, auch nicht durch die Macht der Vernunft. Deshalb, so meint Lorenz, sei es wichtig und richtig, diese angeborenen Eigenschaften zu kennen und sich ihrer »vernünftig« zu vergewissern, anstatt sie zu ignorieren. Dies gilt nicht zuletzt auch für das soziale Verhalten.

Dadurch, daß Lorenz vor der Ignoranz unauslöschbarer menschlicher Verhaltensweisen warnt, schränkt er Vernunft und Freiheit als Möglichkeiten menschlicher Selbstverwirklichung zwar ein, aber er behauptet keineswegs, daß der Mensch lediglich ein Tier mit Verstand sei. Vielmehr verweist er energisch auf die Tatsache, daß der Mensch seinen Reaktionen nicht triebhaft ausgeliefert, sondern sie zu erkennen imstande sei – vorausgesetzt, daß er sie erkennen will und das Erkannte zu akzeptieren bereit ist. Das heißt: der Mensch kann sein Handeln »vernünftig« einrichten, wenn er die eigene Natur als gegebene Größe in sein Denken einbezieht. Schon Immanuel Kant forderte auf dem Höhepunkt der Aufklärung eine Anthropologie, die den Menschen als erkennendes Wesen realistisch einschätzt, um zu klaren Urteilen über sich selbst und die Welt, in der er lebt, zu kommen. Konrad Lorenz beruft sich ausdrücklich auf diese Postulate von Kant. Der Mensch kann nicht gegen den Strich seiner natürlichen Existenz leben. Wenn er dies dennoch tut, bringt er sich selbst um. Er muß mit sich ins reine kommen, auch mit der Eigenart seiner »Natur«, um seiner »höheren Bestimmung« gerecht werden zu können.

Konrad Lorenz beharrte nie apodiktisch auf den Schlüssen, die er aus seinen Forschungen und Erkenntnissen zog. Er wollte und will keine neue Weltanschauung begründen und keine Welträtsel im Sinn alleinseligmachender Perspektiven lösen. Er ist zeit seines Lebens ein genialer Realist geblieben, der weder Tiere vermenschlicht noch Menschen »vertiert«, sondern der lediglich feststellt, was Verhaltensweisen bei Tier und Mensch lehren.

Das vorliegende Büchlein vereinigt einige Kernsätze aus dem Werk von Konrad Lorenz. Sie sind keinesfalls die Quintessenz dessen, was Konrad Lorenz denkt und schreibt. Aber immerhin: ein paar Blickpunkte werden durch diese Aphorismen markiert, an denen das Spannungsfeld abgemessen werden kann, das die Forschungen und das Denken von Konrad Lorenz bestimmt.

Vor 35 Jahren noch war Konrad Lorenz so gut wie unbekannt. Nur seine Tier-Plaudereien machten die Bücherrunde. Inzwischen wurde der Forscher mit dem Nobelpreis ausgezeichnet, und seine Gedanken kehren in Hunderten von Büchern wieder, ohne daß sich deren Verfasser noch ausdrücklich auf ihn berufen. Was er sagt, ist »Allgemeingut« geworden. Über die Kontroversen, die seine Gedanken auslösen, ist Konrad Lorenz durchaus nicht betrübt. Wenn es jemand gibt, der durch Denk-Anstöße Denken in Bewegung setzen möchte, dann ist es Konrad Lorenz. Nie wollte er ein »Denker« sein, der in abstrakten Systemen herumturnt. Er braucht die Nähe zum lebendigen Objekt, er hält Zwiesprache mit den Erscheinungen, anstatt sie zu sezieren. Denn mit Kant weiß er, daß Wissenschaft nichts ist, »wenn nicht Philosophie dazukommt«.

Konrad Lorenz ist ein praktischer Philosoph. Er schaut dem, was lebt, mit Leidenschaft zu – und da er Geduld ebenso besitzt wie die Gabe exakter wissenschaftlicher Diagnose und beides in seiner Phantasie intuitiv zu »Einsichten« zu verknüpfen weiß, sieht und erkennt er mehr als andere. Im schlichtesten Sinn des Wortes ist er als Philosoph ein Zuschauer. Nicht ohne Grund jedoch wurden in früheren Zeiten diejenigen, die mehr sahen als andere, auch »Seher« genannt.

Heinz Friedrich

... es besteht Grund zu der Annahme, daß der Mensch eine Entwicklungsstufe auf dem Wege zum wahrhaft humanen Wesen ist. Noch kann man hoffen, daß dem so sei. [VIII, 281]

. . . der Mensch ist ganz gewiß ein Tier, aber es ist einfach nicht wahr, daß er nichts als ein Tier ist.

[VII, 196]

Wir sind das Höchste, was die großen Konstrukteure des Artenwandels auf Erden bisher erreicht haben, wir sind ihr »letzter Schrei«, aber ganz sicher nicht ihr letztes Wort. [I, 332]

Das langgesuchte Zwischenglied zwischen dem Tiere und dem wahrhaft humanen Menschen – *sind wir!* [I, 333]

Nur der Mensch bleibt bis in sein Alter ein *Werdender.* [IV, 78]

Die Wärme des Gefühls ist es, die uns die von unserer Kultur erschaffenen Güter als Werte erscheinen läßt. [I, 114]

Unsere Nächstenliebe wird durch die Massen der Nächsten, der Allzunahen, so verdünnt, daß sie schließlich nicht einmal mehr in Spuren nachweisbar ist. [V, 20]

Der Mensch ist gar nicht so böse von Jugend auf, er ist nur *nicht ganz gut genug* für die Anforderungen des modernen Gesellschaftslebens. [I, 363]

In der Regel kann ein Mensch von Herzenshöflichkeit bei bestem – oder schlechtestem – Willen nicht wirklich rüde sein. [VI, 288]

Von Menschen, die die Attitüde des sogenannten »Michel Gradaus« annehmen, um ungestraft Kränkendes sagen zu können, kann man mit an Sicherheit grenzender Wahrscheinlichkeit annehmen, daß sie unter der rauhen Schale den völligen Mangel eines goldenen Kerns verbergen. [VI, 288]

Gerade die lustige oder traurige Stimmung eines Freundes beeinflußt die eines anderen in hohem Maße; ein Mensch mit guter Laune und vitaler Lebensfreude ist eine sehr reale Quelle der Energie und des Mutes für seine Umgebung.

[III, 82]

Kindlichkeit ist eins der wichtigsten, unentbehrlichsten und im edelsten Sinne humanen Merkmale des Menschen. [V, 63]

Für intelligent gilt ein Wesen mit hoch entwickelter Fähigkeit, einsichtig zu handeln. [VI, 164]

Jede Gefahr verliert viel von ihrer Schrecklichkeit, wenn ihre Ursachen erkannt sind. [V, 9]

Im Gegensatz zur Begeisterung besteht auch bei den höchsten Intensitätsgraden des Lachens nicht die Gefahr, daß die ursprüngliche Aggression durchbricht und zum tätlichen Angriff führt.
Hunde, welche bellen, beißen immerhin manchmal, aber Menschen, welche lachen, schießen *nie*!

[I, 398]

Selbstbeobachtend vermag ich mit Sicherheit zu behaupten, daß gemeinsames Gelächter nicht nur ungemein aggressionsablenkend wirkt, sondern ein sehr merkliches Gefühl sozialer Verbundenheit schafft. [I, 270]

Zusammen lachen können ist nicht nur eine Voraussetzung für wahre Freundschaft, sondern beinahe schon ein erster Schritt zu ihrer Entstehung.

[I, 398]

Trotz aller dieser Eigenschaften ist das Lachen eine grausame Waffe, die bösen Schaden stiften kann, wenn sie unverdientermaßen einen Wehrlosen trifft; ein Kind auszulachen ist ein Verbrechen.

[I, 398–399]

Anonymität trägt viel dazu bei, die Auslösung aggressiven Verhaltens zu erleichtern. [I, 398]

Nur durch Abschirmung unserer Gefühle gegen alle sinnfälligen Folgen unseres Tuns wird es möglich, daß ein Mensch, der es kaum fertig brächte, einem unartigen Kind eine verdiente Ohrfeige zu geben, es sehr wohl über sich bringen kann, den Auslöseknopf einer Raketenwaffe oder einer Bombenabwurf-Vorrichtung zu betätigen und damit Hunderte von liebenswerten Kindern einem gräßlichen Flammentod zu überantworten. [I, 353]

Nur der kann töten ohne schuldig zu werden, der nicht weiß, daß sein Opfer »auch einer« ist.

[III, 120]

Der Mensch ist nicht, wie eine Ameise oder eine Termite, von seiner Phylogenese so konstruiert, daß er es erträgt, ein anonymes und durchaus austauschbares Element unter Millionen völlig gleichartiger zu sein. [V, 30]

Wenn Menschen zusammengedrängt sind, werden sie reizbar. [VII, 69]

In einer normalen, nicht übervölkerten, freundlichen Gesellschaft gibt es nur ein Minimum von Aggression zwischen Alpha, Beta und Gamma, zwischen dem Präsidenten, dem Vize-Präsidenten und dem Senat. In einer übervölkerten Gesellschaft gibt es größte Feindschaft, größte Gegnerschaft und das Maximum von aggressiven Verhaltensweisen zwischen den höchstrangigen Individuen. [VII, 69]

Eine der bösesten Auswirkungen der Hast oder vielleicht unmittelbar der Hast erzeugenden Angst ist die offenkundige Unfähigkeit moderner Menschen, auch nur kurze Zeit mit sich selbst allein zu sein. [V, 36]

Der hastende Mensch ist sicher nicht nur von Gier gelockt, die stärksten Lockungen würden ihn nicht zu so energischer Selbstbeschädigung veranlassen können, er ist *getrieben,* und was ihn treibt, kann nur Angst sein. [V, 35]

Ich glaube, daß wir alle unterschätzen, wie sehr uns dauernd die Angst im Nacken sitzt und wie sehr wir uns nach Sicherheit sehnen! [VI, 263]

Haß macht nicht nur blind und taub, er macht auch unglaublich dumm. [V, 82]

Keine Liebe ohne Aggression, aber auch kein Haß ohne Liebe. [I, 312]

Man kann wohl nur dort richtig hassen, wo man geliebt hat und es, wenn man das auch ableugnen möchte, immer noch tut. [I, 316]

Macht

Einer der gefährlichsten Teufelskreise, die das Leben der gesamten Menschheit bedrohen, entsteht dadurch, daß das Streben nach einer möglichst hohen Rangordnungsstellung, mit anderen Worten, das Streben nach Macht, sich mit der zur Neurose gewordenen Habsucht verbindet, deren Ergebnisse Macht verleihen. [VIII, 127]

Es ist ein verderblicher wirtschaftswissenschaftlicher Irrtum, daß die »natürliche Selektion« der freien Marktwirtschaft ebenso sicher als schöpferische Segensmacht betrachtet werden dürfe wie die des Artenwandels. [VIII, 209]

Sehr wenige Menschen – und seien sie noch so gescheit und moralisch einwandfrei – sind imstande, in Machtpositionen ihre volle Menschlichkeit zu bewahren. [VIII, 162]

Das Regieren mit der Peitsche erzeugt eine geradezu heldenhafte Opposition. Die kapitalistische Massenbeherrschung durch Belohnung und allmähliche Verwöhnung bringt keine Helden hervor.

[VIII, 225]

Die Gewöhnung von Stroh auf Seide geht um ein Vielfaches schneller als die Rückgewöhnung von Seide auf Stroh. [VIII, 226]

Moralische Verantwortung ist nicht nur eine Verpflichtung, sondern ein Privileg des Menschen, das keinem Tier zusteht. [VII, 109]

Von den Ratten läßt sich voraussagen, daß nach dem großen Morden immerhin genug von ihnen übrig bleiben werden, um die Art zu erhalten, was vom Menschen nach Gebrauch der Wasserstoffbombe gar nicht so sicher ist. [I, 347]

Jede echte Moral, im höchsten, menschlichen Sinn verstanden, setzt geistige Leistungen voraus, zu welchen kein Tier imstande ist. [III, 193]

Die Moral der Naturgeschichte der Scheinartenbildung lautet, daß wir lernen müssen, andere Kulturen zu respektieren, unsere kulturelle und nationale Arroganz aufzugeben und uns klarzuwerden, daß die sozialen Normen und Riten anderer Kulturen, an denen ihre Mitglieder mit ebensolchem Glauben hängen wie wir an den unseren, das gleiche Recht haben, respektiert und für heilig gehalten zu werden. [VII, 137]

Es kann doch keiner ernstlich meinen, freier Wille bedeute, daß es der Willkür des einzelnen, wie einem völlig verantwortungslosen Tyrannen anheimgestellt sei, über Tun und Lassen zu entscheiden.
Unser freiestes Wollen unterliegt den strengen Gesetzen der Moral und unser Drang nach Freiheit ist unter anderem dazu da, zu verhindern, daß wir anderen Gesetzen als eben diesen gehorchen.

[I, 336]

Wir alle sind uns darin einig, daß die größte und schönste Freiheit des Menschen mit dem moralischen Gesetz in ihm identisch ist. [I, 337]

Die Zerstörung der höheren Gefühle, das Verschwinden der Liebe – des Sichverliebens, des Liebens, der Liebe zu seiner Frau, der allgemeinen Vielfalt gut angepaßten Partnerschaftsverhaltens – kann für das Überleben unserer Kultur mehr Gefahren bedeuten als Gewalt als solche.

[VII, 42]

Das Bemuttern eines Kindes ist eine ganztägige Beschäftigung. [VII, 224]

Es ist eines der größten Verbrechen der pseudodemokratischen Doktrin, das Bestehen einer natürlichen Rangordnung zwischen zwei Menschen als frustrierendes Hindernis für alle wärmeren Gefühle zu erklären: Ohne sie gibt es nicht einmal die natürlichste Form von Menschenliebe, die normalerweise die Mitglieder einer Familie miteinander verbindet; Tausende von Kindern sind durch die bekannte »Non-frustration«-Erziehung zu unglücklichen Neurotikern gemacht worden. [V, 78]

Liebevolle Beziehung zu Menschheitswerten hat Lernen und Erziehung in Schule und Elternhaus zur Voraussetzung. [I, 393 f.]

Mann und Frau

Ich glaube nicht, daß bei menschlichen Ehepaaren die Beziehung so einfach ist, daß der eine Teil dominiert wird und der andere dominiert.

[VII, 60]

Es gibt reine Männchen und reine Weibchen, die sehr schön und zugleich ziemlich dumm sind.

[VII, 60]

Anerkennung

Kein Mensch kann seelisch gesund bleiben, ohne sich mit anderen Menschen zu identifizieren, ebensowenig aber, ohne von anderen Menschen ein Mindestmaß von Anerkennung gezollt zu bekommen. [VI, 271]

Ganz allein zu stehen vermögen aber auch die Größten nicht, und es ist nicht einmal wünschenswert, daß sie es können. [VI, 272]

Nur jene Tierliebe ist schön und veredelnd, die der weiteren und allgemeineren Liebe zur gesamten Welt der Lebewesen entstammt, deren wichtigster und zentraler Teil die Menschenliebe bleiben muß.

[III, 69]

Menschenhaß und Tierliebe ergeben eine sehr böse Kombination. [III, 69]

Jedes Tier ist ein Stückchen Natur, aber nicht jedes ist geeignet, als Repräsentant dieser Natur in deinem Hause zu wohnen. [II, 149]

Was dein Hund dir zu geben vermag ist dem sehr ähnlich, was mir das wilde Tier, das mich durch den Wald begleitet, gibt: Die Wiederherstellung der unmittelbaren Verbundenheit mit der wissenden Wirklichkeit der Natur, die der Zivilisierte verloren hat. [II, 225]

Die Treue eines Hundes ist ein kostbares Geschenk, das nicht minder bindende moralische Verpflichtungen auferlegt als die Freundschaft eines Menschen. [III, 168]

Es gibt keine Treue, die nicht schon gebrochen wurde, ausgenommen die eines wirklich treuen Hundes. [II, 212]

Wer mit der Münze des Leidens geizen will, der ziehe sich in eine altjungfräuliche Dachkammer zurück und vertrockene dort allmählich als ein unfruchtbares Knollengewächs, das keine Blüten treibt. [III, 206f.]

Der moderne Mensch ist so verwöhnt und verweichlicht, daß er sogar davor zurückschreckt, den bescheidenen Zoll von Enttäuschung und Mühe zu bezahlen, den die Natur als Preis für alle irdische Freude eingesetzt hat. [VII, 209]

Es gibt keinen Weg zu den Spitzen der Seligkeit, es sei denn durch das Tal der Schmerzen. [VII, 209]

Die heutzutage in ständigem Wachsen begriffene Unlust-Intoleranz verwandelt die naturgewollten Höhen und Tiefen des menschlichen Lebens in eine künstlich planierte Ebene, aus den großartigen Wellenbergen und -tälern macht sie eine kaum merkbare Vibration, aus Licht und Schatten ein einförmiges Grau. Kurz, sie erzeugt tödliche Langeweile. [V, 46]

Eine Kultur braucht, wie ein Wald, lange Zeit um zu wachsen, und kann, wie ein Wald, in einer einzigen kurzen Feuersbrunst vernichtet werden.

[VII, 218]

Zu glauben, daß eine Kultur aus dem Nichts durch eine Menschengeneration »gemacht« werden kann, ist einer der gefährlichsten Irrtümer, nicht nur von Jugendlichen, sondern auch von vielen erwachsenen Anthropologen. [VII, 218]

Die blödsinnige Arbeitshast des modernen Zivilisationsmenschen, dem sogar die Zeit fehlt, eine wirkliche Kultur zu haben, ist dem Tiere völlig fremd. Selbst Biene und Ameise, diese Sinnbilder des Fleißes, verbringen den weitaus größten Teil des Tages im dolce far niente, nur *sieht* man sie dann nicht, diese Heuchler, weil sie in ihrem Bau sitzen, sobald sie nicht an der Arbeit sind. Und Tiere lassen sich nicht drängen. [II, 141]

Der Mensch, von Natur aus ein Kulturwesen, kann ohne das Stützskelett, das ihm seine Zugehörigkeit zu einer Kultur und seine Teilhaberschaft an ihren Gütern verleihen, schlechterdings nicht existieren.
[VI, 270]

Alles kulturelle Zusammenleben hat zur Voraussetzung, daß der Mensch seine Triebe zu zügeln lernt, alle Predigten der Askese haben eben diesen Wahrheitsgehalt. [V, 55]

Gewiß, die Lage der Menschheit ist heute gefährlicher, als sie jemals war. Potentiell aber ist unsere Kultur durch die von ihrer Naturwissenschaft geleistete Reflexion in die Lage versetzt, dem Untergange zu entgehen, dem bisher alle Hochkulturen zum Opfer gefallen sind. *Zum erstenmal* in der Weltgeschichte ist das so. [VI, 321]

Tradition und Fortschritt

Es ist ein Irrtum zu glauben, daß mit dem Über-Bord-Werfen einer alten Kultur ganz selbstverständlich und sofort eine neue, bessere entstehen werde. [VIII, 77]

Spotten wir also nicht über das Gewohnheitstier im Menschen, das seine Gepflogenheiten zum Ritus erhoben hat und mit einem Starrsinn daran festhält, der einer besseren Sache wert zu sein scheint: es gibt nur wenig bessere Sachen! [I, 126]

Wir müssen uns darüber im klaren sein, daß dem Menschen selbst die Verantwortung auferlegt ist, seine Kultur vor Fehlentwicklungen ebenso wie vor dem Erstarren zu bewahren. [VIII, 78]

Die Krise der Wertung von Idealen ist wie eine offene Tür, durch die neue Gedanken und Erkenntnisse Eintritt erhalten und in die Strukturen einer Kultur integriert werden können, welche ohne diesen kritischen Vorgang allzu starr wäre.

[VIII, 75]

Evolution

Die Entstehung von Werten hat zwar Entwicklung zur Voraussetzung, ist aber nicht notwendigerweise deren Folge. [VIII, 20]

Jedes Lebewesen ist ein historisch gewordenes System, und *jede* seiner Lebenserscheinungen kann grundsätzlich nur dann verstanden werden, wenn die rationalisierende Kausalforschung den Gang ihres stammesgeschichtlichen Zustandekommens zurückverfolgt. [IV, 35]

Man kann ein Mitglied derselben Art auf zweierlei Weise loswerden: man kann es fortjagen oder man kann selbst davonlaufen. [VII, 53]

Das menschliche Paar braucht, um ein geistig gesundes Leben zu führen, viel mehr Platz als ihm zugeteilt würde, wenn die Nahrungsmittelproduktion der alleinige Beschränkungsfaktor wäre.

[VII, 65]

Die Funktion guter Manieren für den ständigen Ausgleich zwischen den Mitgliedern einer Gruppe kann durch die Beobachtung dessen demonstriert werden, was geschieht, wenn sie nicht vorhanden sind. [VII, 133]

Der Naturverständige bedarf nicht des Unerforschlichen, Außernatürlichen, um Erfurcht empfinden zu können, und es gibt für ihn nur *ein* Wunder, und das besteht darin, daß schlechterdings Alles auf der Welt, einschließlich der höchsten Blüten des Lebendigen, ohne Wunder im herkömmlichen Sinn zustande gekommen ist. [I, 340]

Dem Naturforscher aber ist es ein Grund zu immer wiederkehrender neuer Bewunderung, daß die Natur alle ihre hohen Werke schafft, ohne dabei je gegen ihre eigenen Gesetze zu verstoßen. [I, 20]

Ein Mensch, der sehen kann, wie schön die Welt ist, muß ihr optimistisch gegenüberstehen.

[VIII, 271]

Die totale Seelenblindheit für alles Schöne, die heute allenthalben so rapide um sich greift, ist eine Geisteskrankheit, die schon deshalb ernst genommen werden muß, weil sie mit einer Unempfindlichkeit gegen das ethisch Verwerfliche einhergeht.

[V, 30f.]

Der Mensch, dessen Auge für die Wahrnehmung der Harmonie der Natur, für die Schönheit der richtig ausbalancierten Biosphäre nicht trainiert ist, steht ihr absolut blind gegenüber und fühlt nicht die mindesten Gewissensbisse, die letzten noch auf Erden vorhandenen schönen Orte zu »entwickeln«, Bäume mit Bulldozern wegzuräumen, alles mit Beton zu bedecken und Luxushotels zu bauen.

[VII, 159]

Die beste Schule, in der ein junger Mensch lernen kann, daß die Welt einen Sinn hat, ist der unmittelbare Umgang mit der Natur selbst. [VIII, 246]

Jeder Mensch, der an der Schöpfung und ihrer Schönheit Freude empfindet, ist gegen jeden Zweifel an ihrem *Sinn* gefeit. [VIII, 248]

Der seelisch Gesunde und der Psychopath unterscheiden sich nicht mehr voneinander als ein Mensch mit einem kompensierten und einer mit einem dekompensierten Herzfehler. [V, 55]

Der Begriff des Normalen ist einer der am schwersten definierbaren in der ganzen Biologie und leider gleichzeitig ebenso unentbehrlich wie sein Gegenbegriff, der des Pathologischen. [I, 287]

Viele Menschen scheinen nur deshalb »normal« zu sein, weil die Stimme des Menschlichen in ihnen verstummt ist. [VIII, 164]

Das Reflektieren aber ist eine für das Menschentum konstitutive Tätigkeit, und die Muße, die man dafür braucht, ist ein Menschenrecht. [VIII, 175]

Ziel der Demokratie muß es sein, einen Kompromiß zu schaffen zwischen der durch die Riesenzahl von Menschen unbedingt nötig werdenden Ordnung und der Erhaltung jener Handlungsfreiheit des Individuums, die zu den Menschenrechten gehört. [VIII, 161]

Der menschliche Geist ist auf dem Wege der Technokratie zum Widersacher des Lebens überhaupt und damit auch der menschlichen Seele geworden.
[VIII, 148]

Die Lage, in die die Menschheit sich durch ihre eigenen Geistesleistungen gebracht hat, ist, kurz gesagt, verzweifelt. [VIII, 203]

Denn die Gefährdung der heutigen Menschheit entspringt nicht so sehr ihrer Macht, physikalische Vorgänge zu beherrschen, als ihrer Ohnmacht, das soziale Geschehen vernünftig zu lenken. [I, 324]

Die allzuschnelle Entwicklung einer von Technik beherrschten Kultur bringt es mit sich, daß oft kurzsichtig Richtungen eingeschlagen werden, aus denen es kein Zurück gibt. [VIII, 210]

Die zur Religion gewordene Überzeugung, daß alle Menschen gleich geboren seien und daß alle sittlichen und moralischen Gebrechen des Verbrechers nur auf die Sünden zurückzuführen seien, die seine Erzieher an ihm begangen hätten, führt zur Vernichtung jedes natürlichen Rechtsgefühles, vor allem auch bei dem Ausfallbehafteten selbst, der sich voll Selbstbemitleidung als Opfer der Gesellschaft ansieht. [V, 56f.]

Ein Mensch, der durch das Ausbleiben der Reifung sozialer Verhaltensnormen in einem infantilen Zustand verharrt, wird notwendigerweise zum Parasiten der Gesellschaft. [V, 65]

Um sich die Gefahren zu vergegenwärtigen, die der Menschheit aus erblichen Instinkt-Ausfällen erwachsen, muß man sich klarmachen, daß unter den Bedingungen des modernen Zivilisationslebens kein einziger Faktor am Werke ist, der auf schlichte Güte und Anständigkeit hin Selektion treibt, es sei denn das uns eingeborene Gefühl für diese Werte.

[V, 60]

Wir müssen es lernen, einsichtsvolle Humanität dem Individuum gegenüber mit der Berücksichtigung dessen zu verbinden, was der menschlichen Gemeinschaft not tut. [V, 66]

... denn wir glauben, daß die Naturforschung nie eine Gottheit zerschlagen kann, sondern immer nur die tönernen Füße eines von Menschen gemachten Götzen. [VII, 190]

... weil man nämlich überhaupt nichts meinen soll, wenn die Möglichkeit besteht, nachzusehen, wie es sich verhält. [II, 189]

Wissenschaftler

Niemand weiß so gut wie gerade der Naturforscher, daß der menschlichen Erkenntnis Grenzen gesetzt sind, aber er ist sich dauernd bewußt, *daß wir nicht wissen, wo diese Grenzen liegen.* [I, 338]

Auch der Wissenschaftler ist ein Kind seiner Zeit und seiner Kultur. [VI, 307]

Erkenntnisse

Daß ein bestimmter Prozeß im allgemeinen *nicht* vorkommt, wird einem oft dadurch zum Bewußtsein gebracht, daß einem ein Ausnahmefall vor Augen führt, wie es aussieht, *wenn* er vorkommt. [VI, 230]

Begriffe und Urteile sind nicht um ihrer selbst willen da, sondern um des Seienden willen. [VI, 57]

Das Genom lernt nur aus seinen Erfolgen, der forschende Mensch aber auch aus seinen Irrtümern!
[VI, 38]

Der Irrglaube, daß nur das rational Verständliche oder das wissenschaftlich Beweisbare zu der bestimmten Erkenntnis der Menschheit gehören, führt zu katastrophalen Folgen. [VII, 90f.]

Zwischen Sehen und Beweisen können aber besteht ein Unterschied, jener nämlich, der die Kunst von der Wissenschaft trennt. [I, 148]

Es gibt in der Natur eben nicht nur das arterhaltende Zweckmäßige, sondern auch alles, was nicht *so* zweckwidrig ist, daß es den Bestand der Art gefährdet. [I, 232]

Es gibt Erkenntnisse, die zu einem bestimmten Zeitpunkt »in der Luft liegen«. [VI, 320]

»Wahrheit« ist diejenige Arbeitshypothese, die am besten geeignet ist, den Weg zu jener anderen zu bahnen, die mehr zu erklären vermag. [V, 86]

Überhaupt ist es für den Forscher ein guter Morgensport, täglich vor dem Frühstück eine Lieblingshypothese einzustampfen – das erhält jung. [I, 19]

. . . die Natur ist so vielgestaltig, daß man auch für völlig abstruse Hypothesen bei fleißigem Suchen scheinbar überzeugende Beispiele finden kann.

[I, XII]

So wenig das Wachstum des Knochens ohne Abbau möglich ist, so wenig kann das lebendige Wachstum menschlichen Wissens weiterschreiten, wenn nicht Schritt für Schritt schon Angepaßtes, schon Gewußtes abgebaut wird, um Neuerem und Höherem Platz zu machen. [VI, 261]

Der Regenwurm kann sich krümmen, wo er will, wir können unsere Körperhaltung nur dort verändern, wo Gelenke vorgesehen sind. Wir aber können aufrecht stehen, und der Regenwurm nicht. [VI, 260]

Indoktrinierung

Es ist eine der häßlichsten Tatsachen im sozialen Leben der heutigen Menschheit, daß die Entscheidung darüber, was man der Jugend beibringen und was man ihr vorenthalten soll, noch immer fast ausschließlich in der Hand jener liegt, die politisch an der Macht sind. [VII, 232]

Der völlig Indoktrinierte merkt nichts davon, daß er eines konstitutiven Merkmals wahren Menschentums verlustig gegangen ist, nämlich der Freiheit des Denkens. [VIII, 192]

In dem Maße, in dem das Handwerk durch die Konkurrenz der Industrie ausgerottet wird und in dem der kleinere Unternehmer, einschließlich des Bauern, existenzunfähig wird, sind wir alle ganz einfach gezwungen, uns in unserer Lebensführung den Wünschen der Großproduzenten zu fügen, die Nahrungsmittel zu fressen und die Kleidungsstücke anzuziehen, die sie für uns für gut befinden, und was das Allerschlimmste ist, wir merken kraft der uns zuteil gewordenen Konditionierung gar nicht, daß sie dies tun. [V, 96]

Anpassung

Das wirkliche Übel, wie ich es sehe, ist die Tendenz der Menschheit, sich kulturell und vielleicht genetisch in Richtung des glücklichen Roboters zu entwickeln, der dem Leben in einem maximal industrialisierten sozialen System am besten angepaßt ist. [VII, 111]

Der Glaube an die unbegrenzte Formbarkeit des Menschen ist natürlich allen Leuten willkommen, für die es vorteilhaft wäre, wenn der Mensch keinerlei angeborene Fähigkeiten und Leistungen besäße und somit unbegrenzt manipulierbar wäre. [VIII, 213]

Konditionierung

Der Irrglaube, daß man dem Menschen, richtige »Konditionierung« vorausgesetzt, schlechterdings alles zumuten, schlechterdings alles aus ihm machen kann, liegt den vielen Todsünden zugrunde, welche die zivilisierte Menschheit gegen die Natur, auch gegen die Natur des Menschen und gegen die Menschlichkeit begeht. [V, 94]

Den Glauben, daß man durch entsprechende »Konditionierung« eine neue Sorte von Menschen erzeugen könne, die gegen die üblen Folgen engster Zusammenpferchung gefeit sind, halte ich für einen gefährlichen Wahn. [V, 22]

Das Wachstum der Industrie zieht immer größere
Teile der immer größer werdenden Zahl
der Menschen in den immer größer werdenden
Städten zusammen, und das ist nicht gesund.

[VIII, 163]

Die Vertreter der Industrien, die unseren Globus beherrschen, scheinen bei all ihrer Intelligenz fest an die Wirklichkeit ihrer subjektiven Werte zu glauben. Sie scheinen blind für zwei unbezweifelbare Tatsachen, die jedes Schulkind begreifen kann: erstens, daß ein unbegrenztes Wachstum im endlichen Raum auf die Dauer nicht möglich ist, und zweitens, daß kein Haushalt mehr ausgeben kann, als er einnimmt. [VIII, 220]

Der Bauer weiß nämlich etwas, was die gesamte zivilisierte Menschheit vergessen zu haben scheint, nämlich, daß die Lebensgrundlagen des ganzen Planeten *nicht unerschöpflich* sind. [V, 27]

Ökologischer Ruin

. . . die heutige Menschheit verhält sich konsequent so, als würde sie vom Teufel getrieben, dessen einziges Ziel es ist, alles Leben auf unserem Planeten zu vernichten. [VII, 140]

Indem die zivilisierte Menschheit die lebende Natur, die sie umgibt und erhält, in blinder und vandalischer Weise verwüstet, bedroht sie sich mit ökologischem Ruin. [V, 28]

Wirtschaftlich-technische Programme werden in kurzsichtigen und unverantwortlichen Entscheidungen von Menschen festgelegt, die nicht nur ökologisch ahnungslos, sondern für die Werte der lebenden Natur blind sind. [VIII, 210f.]

Ich glaube – um meinerseits ein Paradoxon von mir zu geben –, daß wir heute den Humor noch nicht ernst genug nehmen. Ich glaube, daß er eine Segensmacht ist, die der in der heutigen Zeit schwer überforderten verantwortlichen Moral als starker Bundesgenosse zur Seite steht. Ich glaube, daß diese Macht nicht nur in kultureller Entwicklung, sondern auch stammesgeschichtlich im Wachsen ist. [I, 399 f.]

Ich glaube, daß zunehmendes Wissen den Menschen echte Ideale geben und die ebenfalls zunehmende Macht des Humors ihnen helfen wird, unechte zu verlachen. [I, 400]

Ich glaube an die Macht der menschlichen Vernunft, ich glaube an die Macht der Selektion und ich glaube, daß die Vernunft vernünftige Selektion treibt. Ich glaube, daß dies unseren Nachkommen in einer nicht allzu fernen Zukunft die Fähigkeit verleihen wird, jene größte und schönste Forderung wahren Menschentums [alle Menschen, ohne Ansehen der Person, zu lieben] zu erfüllen.
[I, 402]

Quellennachweis

I Konrad Lorenz: Das sogenannte Böse. Verlag Dr. G. Borotha-Schoeler, Wien 1963.

II Konrad Lorenz: Er redete mit dem Vieh, den Vögeln und den Fischen. Verlag Dr. G. Borotha-Schoeler, Wien 1965.

III Konrad Lorenz: So kam der Mensch auf den Hund. Verlag Dr. G. Borotha-Schoeler, Wien 1966.

IV Konrad Lorenz: Vom Weltbild des Verhaltensforschers. Deutscher Taschenbuch Verlag GmbH & Co. KG, München 1968.

V Konrad Lorenz: Die acht Todsünden der zivilisierten Menschheit. Verlag R. Piper & Co., München 1973.

VI Konrad Lorenz: Die Rückseite des Spiegels. Verlag R. Piper & Co., München 1973.

VII Konrad Lorenz: Konrad Lorenz – Gespräche mit Richard I. Evans, ein Briefwechsel mit Donald Campbell und vier Essays, hrsg. von Richard I. Evans. Ullstein-Verlag, Frankfurt/M., Berlin, Wien 1977.

VIII Konrad Lorenz: Der Abbau des Menschlichen. Verlag R. Piper & Co., München 1983.

Der Abdruck der Texte aus den unter V, VI, VII und VIII angeführten Werken erfolgt mit freundlicher Genehmigung des Verlages R. Piper, München, und des Ullstein-Verlages, Berlin.

natur im dtv

Natur · Umwelt · Ökologie

Anregungen und Denkmodelle für ein neues Verständnis des Menschen zur Natur

dtv 10421

dtv 10422

dtv 10486

dtv 10502

dtv 10515

dtv

Mensch und Kosmos

Hoimar v. Ditfurth:
Im Anfang war
der Wasserstoff
dtv 1657

Hoimar v. Ditfurth:
Kinder des Weltalls
dtv 10039

Werner Heisenberg:
Der Teil und das Ganze
Gespräche im Umkreis
der Atomphysik
dtv 903

P. Teilhard de Chardin:
Der Mensch im Kosmos
dtv 1732

P. Teilhard de Chardin:
Die Entstehung des
Menschen
dtv 1755

Steven Weinberg:
Die ersten drei Minuten
Der Ursprung
des Universums
dtv 1556

Mensch und Natur

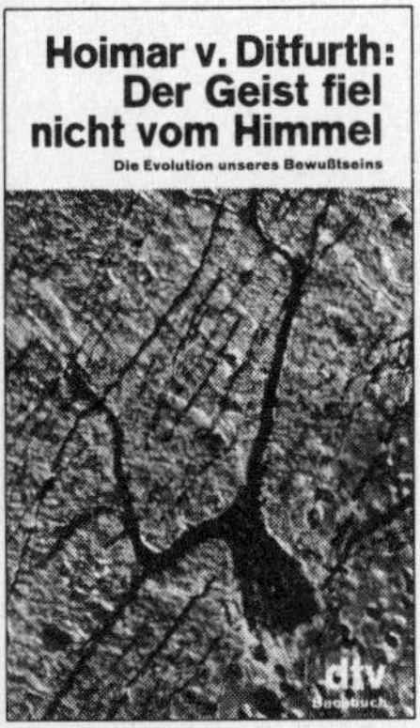

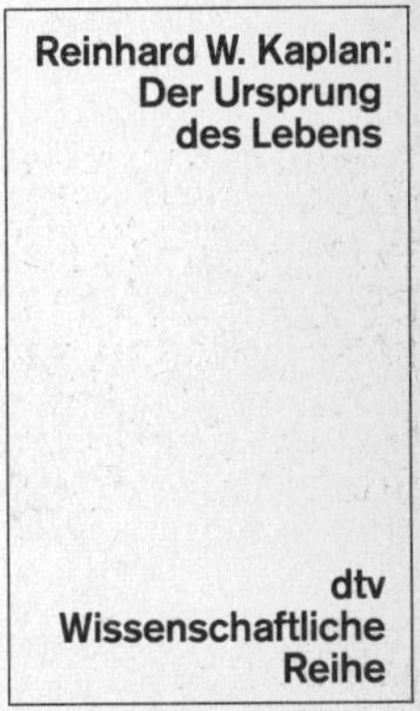

Hoimar v. Ditfurth /
Volker Arzt:
Dimensionen
des Lebens
Reportagen aus der
Naturwissenschaft
dtv 1277
Der Geist fiel
nicht vom Himmel
Die Evolution
unseres Bewußtseins
dtv 1587

Frederic Vester:
Denken, Lernen,
Vergessen
Was geht in unserem
Kopf vor?
dtv 1327
Phänomen Streß
Wo liegt sein Ursprung,
warum ist er
lebenswichtig,
wodurch ist er entartet?
dtv 1396

Mensch und Tier
Beiträge von
Hansjochem Autrum,
S. Dijkgraaf,
Karl von Frisch,
Bernhard Grzimek,
Erich von Holst,
Otto Koehler,
Konrad Lorenz,
N. Tinbergen
dtv 481

Günter Kunz (Hrsg.):
Die ökologische Wende
Industrie und Ökologie
– Feinde für immer?
dtv 10141

Hans Breuer:
entdeckt – erforscht –
entwickelt
Neueste Nachrichten
aus der Wissenschaft
dtv 1658
Band 2
dtv 10024

Reinhard W. Kaplan:
Der Ursprung
des Lebens
Biogenetik,
ein Forschungsgebiet
heutiger
Naturwissenschaft
dtv / Thieme 4106

Adolf Remane /
Volker Storch /
Ulrich Welsch:
Evolution
Tatsachen und
Probleme
der Abstammungslehre
dtv 4234

Konrad Lorenz bei dtv

dtv 173 / großdruck 2508

dtv 329

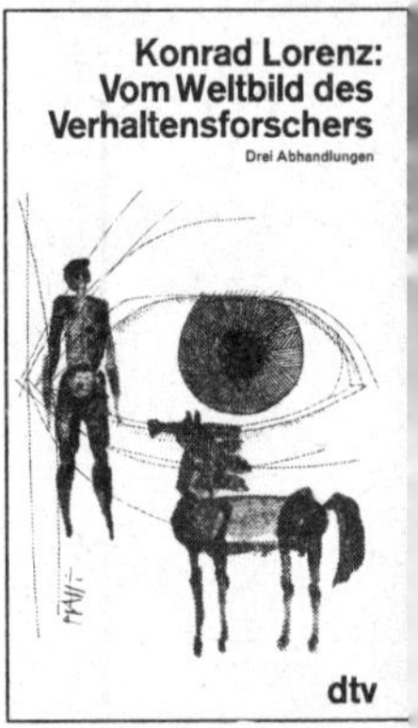

dtv 499

dtv 1000

dtv 1249

dtv 1795

Das Buch

In seinem umfangreichen Werk hat der Verhaltensforscher und Nobelpreisträger Konrad Lorenz Maximen für das menschliche Zusammenleben und zu den Problemen der Menschheit entwickelt. In diesem von Heide von Berlepsch kenntnisreich zusammengestellten Brevier verdichten sich diese Gedanken zu eindrucksvoller Prägnanz. Lorenz' Wissen um das Verhalten und um die Mechanismen der Natur ist dabei das stabile Fundament für seine Rückschlüsse und Reflexionen, die von tiefer Sorge um die bedrohte Menschheit zeugen, aber auch von seinem festen Glauben an den Sieg der menschlichen Vernunft.

Der Autor

Konrad Lorenz, am 7. November 1903 in Wien geboren, studierte Medizin und Biologie. 1949 gründete er das Institut für Vergleichende Verhaltensforschung in Altenberg (Österreich) und wurde 1951 an das Max-Planck-Institut berufen. Von 1961 bis 1973 war er Direktor des Max-Planck-Instituts für Verhaltensphysiologie in Seewiesen bei Starnberg. Lorenz ist einer der Begründer der Vergleichenden Verhaltenskunde, der Ethologie. 1973 wurde ihm, zusammen mit Karl von Frisch und Nikolaas Tinbergen, der Nobelpreis für Medizin und Physiologie zuerkannt. Nach seiner Emeritierung 1973 schuf die Max-Planck-Gesellschaft für ihn die Forschungsstation in Grünau im Almtal (Österreich).